Les Idées musicales d'Aristote

Camille Bellaigue

Édition : BoD • Books on Demand GmbH,
In de Tarpen 42, 22848 Norderstedt (Allemagne)
Impression : Libri Plureos GmbH, Friedensallee 273,
22763 Hamburg (Allemagne)
ISBN : 978-2-3225-4437-0
Dépôt légal : Septembre 2024

LES
IDÉES MUSICALES
D'ARISTOTE

Les Problèmes musicaux d'Aristote ; texte, traduction, notes philologiques et commentaire musical, par MM. F.-A. Gevaert et J.-C. Vollgraff. — Gand, Librairie générale de Ad. Hoste.

Peu de musiciens, artistes et savans à la fois, ont fait pour l'honneur de la musique autant que l'illustre directeur du Conservatoire de Bruxelles. Par ses études et ses découvertes, grâce à l'ampleur et à la sûreté d'une érudition que le bonheur de l'intuition a mainte fois servie, M. Gevaert a renouvelé, sinon créé, l'histoire de la musique dans l'antiquité.

Nous devons à un tel maître de ne pas ignorer ce que la musique des Grecs était en soi, et de savoir, mieux encore, ce qu'elle était dans la pensée des grands esprits de la

Grèce. Aristote fut au nombre et peut-être le premier de ceux-là. Quelle idée et quel sentiment eut de la musique le philosophe de Stagyre, c'est ce que nous voudrions chercher aujourd'hui. Remercions, en commençant, l'écrivain qui sera notre guide. M. Gevaert a doublement servi la gloire de notre art : il en a reporté plus loin l'origine ; il en a pour ainsi dire, — et ce second hommage est encore plus précieux, — élevé plus haut l'éminente dignité.

I

Musicien pratique, ou pratiquant, il semble qu'Aristote ne le fut guère. Au dire de M. Gevaert, il n'aurait composé qu'une « scolie », ou chant de table, qui s'est perdue. L'art de conduire un chœur ne lui fut peut-être pas étranger : quelques-unes de ses observations sur ce sujet permettent de le croire. Mais ce qu'il a fait de musique n'est rien ; ce qu'il a pensé de la musique, au contraire, est considérable. Caduque sur certains points, qui n'étaient pas alors fixés ou seulement connus ; contredite ou corrigée à d'autres égards par le progrès ou l'évolution ; la doctrine d'Aristote, en ses parties essentielles, est demeurée si forte et si profonde, que l'esthétique musicale s'élève encore aujourd'hui sur ses bases beaucoup plus que sur ses ruines.

Cette doctrine a compris tout l'art de son temps, et de celui du nôtre elle a deviné bien des choses. Il est peu de questions qu'Aristote n'ait posées et discutées, sinon résolues. Parmi les « problèmes musicaux, » un certain nombre ne sont que de science, et d'une science, l'acoustique, où se mêlait alors beaucoup d'erreur. « Les textes aristotéliciens relatifs à l'acoustique appartiennent à deux doctrines dissemblables et d'une valeur si inégale qu'on se croirait en présence d'écrivains différens, si dans un certain nombre de cas les deux manières de voir n'étaient inextricablement mêlées l'une à l'autre… En général les solutions proposées sont vagues, erronées ou puériles. Quelques-unes des questions même ont pour point de départ des faits manifestement chimériques. »

Il est difficile de trouver autre chose qu'un paradoxe dans la formule suivante :

Un ensemble de voix possède une plus grande puissance de transmission que la somme des voix individuelles dont il se compose.

Ailleurs, quand Aristote assure que

l'accord d'octave, chanté par des voix mixtes ou joué sur certains instrumens donne l'impression de l'unisson, il énonce un principe acceptable, mais qui pourtant comporte et commande même quelques tempéramens. La curiosité du philosophe ou du savant s'attache aux moindres détails. Il n'est pas jusqu'à l'accident vocal, connu sous le nom de *cri du coq,* ou plus vulgairement « couac, » dont Aristote n'étudie, — imparfaitement d'ailleurs, — la nature et les lois.

Sur neuf problèmes qui se rapportent à l'acoustique, un seul présente un intérêt d'*éthos* ou de sentiment général encore plus que de science. « Pourquoi, demande Aristote, le grave prévaut-il sur l'aigu ? » La musique antique a toujours reconnu cette prééminence, que nous n'acceptons plus aujourd'hui. Dès l'origine, au temps quasi fabuleux de Terpandre, « la corde la plus basse de la lyre, la fondamentale de l'échelle grecque, s'appelle l'*hypate*, la première en dignité, comme Zeus reçoit le surnom d'Hypatos. » Le principe, loin de s'affaiblir, s'étendit peu à peu, et l'élément grave, ou viril, régna sur le domaine entier des sons. Exclue de la monodie lyrique, des chants de la tragédie et de la comédie, la voix féminine était reléguée par la Grèce en des genres secondaires ou locaux. Quant à l'échelle sonore, aussi bien celle des voix masculines que celle des instrumens, elle ne s'éleva jamais aux degrés supérieurs. Enfin, dans la musique à deux parties, il était de règle de confier à la partie haute l'accompagnement, et la mélodie à la partie basse. « Ainsi, dit Plutarque, dans un ménage sagement gouverné, tout se fait du consentement des deux conjoints, mais de manière à mettre en évidence la direction et la volonté de l'époux[1]. »

Dans la musique, sinon dans le ménage moderne, il n'en va plus de même et l'autorité s'est déplacée. À cet égard, ainsi qu'à bien d'autres, « la musique grecque nous apparaît comme l'antithèse de l'art polyphone des Européens, dont la floraison mélodique s'épanouit dans les régions aiguës et pour lequel le timbre féminin est un élément constitutif de l'ensemble choral et orchestral. » N'allons pourtant pas en conclure que tout l'intérêt, toute la beauté se soit retirée des régions moyennes et basses. Celles-ci forment, au contraire, un domaine que, durant des siècles, les maîtres de la polyphonie vocale d'abord, puis de la symphonie, pure ou dramatique, n'ont cessé de féconder et d'enrichir. Une scène de Wagner l'attesterait, comme en pourraient témoigner, si nous remontions le cours de l'histoire, un finale de Beethoven, une fugue de Bach, voire un motet de Palestrina. Il arrive souvent que la gravité même des mélodies, ou seulement des sons, en accroisse le caractère et la beauté. Rappelez-vous le début du quatuor en *fa* majeur de Beethoven. Songez aussi quelle puissance emprunte au grondement des contrebasses le trio de la Symphonie en *ut* mineur. Imaginez enfin tout ce que l'Hymne à la joie, entonné pour la première fois sur des notes moins graves, perdrait aussitôt de grandeur et de solennité.

D'autres exemples se trouveraient sans peine. Mais, si nombreux qu'ils fussent, ils ne sauraient compter que pour des exceptions ; ils ne feraient que confirmer cette règle, que, depuis l'antiquité, le niveau moyen et pour ainsi dire l'axe des sonorités s'est élevé notablement. C'est le plus souvent au-dessus de l'harmonie que la mélodie chante, et peu à peu « les voix intérieures » se sont tues. Dans le « quatuor, » et par conséquent dans l'orchestre, dont il forme le groupe élu, le principal rôle appartient aux violons et, de ceux-ci mêmes, la « première » corde n'est plus, comme autrefois celle de la lyre, la plus grave, mais la plus aiguë. Dans l'ordre ou la hiérarchie vocale, le même renversement s'est produit. On sait par quel procédé l'Italie haussa longtemps la voix de ses chanteurs jusqu'au registre et au timbre féminin. Même aujourd'hui, parmi les voix naturelles, les plus élevées gardent le secret de charmer et d'émouvoir davantage. Quelle basse ou seulement quel baryton d'opéra, Don Juan excepté, disputa jamais au ténor son privilège de jeunesse et d'amour ? Enfin la voix de la femme, et surtout la voix de soprano, la plus haute, la plus belle, est venue prendre au sommet de l'harmonie une place où l'antiquité ne l'avait point admise. En couronnant l'édifice sonore, il semble qu'elle l'ait encore exhaussé, et nous assistons à la revanche, dans la musique ainsi que dans la civilisation et les mœurs, de cet « éternel féminin » que la Grèce avait méconnu et sacrifié.

Voyez comme insensiblement, dès qu'on étudie le génie de la Grèce, on glisse ou plutôt on s'élève d'une question de métier aux principes de l'art et de la technique à l'idéal, continuons de faire ainsi. Parmi les sujets traités par

Aristote, négligeons les plus arides : les consonances, l'octocorde et l'heptacorde, les particularités de l'exécution vocale aussi bien que l'hétérophonie de l'accompagnement. Les sciences pures sont belles ; mais l'esthétique est belle entre toutes les sciences, parce que, — son nom même l'indique, — elle connaît par le sentiment, parce qu'autant et peut-être plus que de l'esprit elle est un mode de l'âme.

II

L'âme ou le sentiment de la musique même, voilà sinon l'unique matière, au moins, la matière la plus précieuse des « Problèmes musicaux. » Voilà le mystère par excellence dont Aristote a cherché la révélation dans l'étude des genres, des élémens ou des facteurs (instrumens et voix), des conditions et de la nature de notre art. De toute question musicale traitée par le philosophe on pourrait presque dire qu'elle se ramène ou se réduit à une question de sensibilité.

C'est le caractère en quelque sorte affectif pu moral d'un genre que définit le problème suivant :

Pourquoi, étant entremêlée aux morceaux de chant, la *paracatalogé* (récitation parlée sur un accompagnement instrumental) a-t-elle quelque chose de tragique ? :Est-ce à cause de l'anomalie ? En effet, le pathétique est irrégulier de sa nature, tant dans l'excès du bonheur que dans le malheur extrême. :Ce qui est régulier n'exprime guère la douleur[2].

La déclamation parlée sur un accompagnement instrumental était d'un usage assez fréquent dans le théâtre grec. L'œuvre des grands tragiques en offre de nombreux exemples. Tantôt, séparés nettement, cette déclamation accompagnée et le chant alternaient ; tantôt ils se mêlaient au point que, dans la même phrase poétique et sans qu'il y eût changement d'interlocuteur, une mélodie se transformait en discours ; ou, au contraire, une phrase parlée s'achevait, s'épanouissait en un chant.

On reconnaît dans la *paracatalogé* des Grecs l'origine du moderne mélodrame, dont le *Pygmalion* de Jean-Jacques Rousseau (1775) fut le premier exemplaire et dont les deux chefs-d'œuvre sont peut-être *Egmont* et *l'Arlésienne.* Aristote en a bien senti l'*éthos* particulier et très pathétique. Il a compris que la « transition périodique du chant à la parole et de la parole au chant a le pouvoir de remuer la fibre tragique à cause de l'inégalité des perceptions sensorielles, inégalité résultant du mélange des différens moyens d'expression : d'une part, succession alternative des intonations indéterminées de la voix parlée et des intonations réglées de la voix chantée : d'autre part, emploi simultané du langage artificiel des instrumens et du langage naturel à l'être humain[3]. »

Il semble seulement que les formules finales du problème pèchent par trop d'étendue et qu'elles ne distinguent pas assez. Que le pathétique soit « irrégulier tant dans l'excès du bonheur que dans le malheur extrême, » cela sans doute est la vérité même dans le domaine de la vie. Portée au comble, notre joie ou notre souffrance réelle se manifeste par le désordre, voire par l'incohérence. Et la musique, à cet égard, a parfois imité la nature. D'autres fois elle l'a corrigée, en l'ordonnant. La plainte de Doña Anna sur le cadavre de son père ; à l'extrémité et comme au pôle opposé de notre art, les sanglots de Tristan moribond, sont les chefs-d'œuvre d'un désespoir qui s'égare ; la déploration d'Orphée, celles d'Alceste ou d'Iphigénie, l'adagio de la sonate en *ut dièse* mineur sont l'expression contraire et sublime également d'une douleur qui se contient et se compose.

Ainsi, plus vaste et plus libre que toutes les théories, l'art pratique, en son évolution, a tantôt confirmé l'idée ou l'idéal d'Aristote, et tantôt il y a contredit.

Pourquoi aimons-nous mieux entendre une monodie doublée par l'*aulos* que par la *lyre* ?

Est-ce parce que toute chose à laquelle se mêle du suave devient elle-même plus suave ?

Or l'*aulos* est plus suave que la lyre…

Il l'était en effet. La lyre et les autres instrumens à cordes des Grecs avaient ce grave défaut, qu'on ne pouvait les jouer qu'en *pizzicato*. Les instrumens à vent seuls étaient capables de tenir et de lier les sons. Mais, du jour où sous l'archet et sur les flancs sonores des violons les cordes surent chanter, leur chant parut le plus suave en même temps que le plus fort, et la voix humaine trouva sa pareille, son égale et son alliée véritable en leur voix.

Si, pour nous ainsi que pour Aristote, il reste vrai que

> le chant et le son de l'instrument à vent se mélangent à cause de leur affinité, car tous deux sont engendrés par le souffle humain,

on ne dirait plus, comme il le disait du son de la lyre, que le son du violon,

> ne procédant pas du souffle humain, impressionne moins agréablement que le timbre de l'*aulos* et s'isole davantage de la voix.

Au contraire, il s'unit étroitement avec elle ; il lui ressemble, il en a les frémissemens et l'émotion. La voix des cordes, sans doute, ne leur vient pas des lèvres humaines ; mais des mains humaines les pressent ; elles vibrent contre notre cœur ; la matière même dont elles sont formées fut animée et vivante, et, quand il s'étonnait « que des boyaux de mouton puissent exalter ainsi notre âme ! » c'est des cordes que Shakspeare admirait le pouvoir.

Ce pouvoir mystérieux, les cordes ne l'ont pas usurpé sans réserve, et dans l'action, dans la beauté de la musique les instrumens à vent ont gardé leur part. Que de mélodies vocales ils soutiennent, à moins qu'ils ne les environnent ! Leurs accords donnent à la prière d'Élisabeth une pureté surnaturelle ; à l'incantation du Méphistophélès de Berlioz : *Voici des roses*, un caractère solennel, auguste même, de tendresse et presque de pitié. Alors même que les instrumens à vent chantent seuls, une phrase de clarinette du fameux quintette de Mozart, l'entrée d'Orphée aux Champs-Élysées rappellerait assez comme ils chantent. Mais le chant des instrumens à cordes est plus vibrant et plus vivant encore. Eux seuls peuvent redire après la voix les sublimes adieux de Wotan à Brunnhilde et redoubler la douceur avec l'amertume du baiser qui pardonne et qui punit. Le hasard du souvenir nous offre cet exemple ; la réflexion nous en fournirait d'autres, à l'infini. Qu'il accompagne ou qu'il joue seul, qu'il soit de symphonie ou d'opéra, l'orchestre a le quatuor pour centre ou pour sommet, et, si l'on pouvait en quelque sorte entendre à travers le passé la musique entière, c'est par la voix humaine et par celle des instrumens à cordes qu'on l'entendrait surtout chanter.

La voix humaine fut dans l'antiquité, l'agent ou l'organe privilégié de la beauté sonore. Presque toute la musique des Grecs était chantée. Ils aimaient la voix premièrement pour sa beauté spécifique et supérieure, parce qu'elle émane directement de notre âme et que, sans intermédiaire, elle l'exprime ou la représente, parce qu'elle en est le son naturel et vivant. Mais elle en est aussi la parole, et pour cette seconde raison les Grecs la chérissaient peut-être encore davantage. Ainsi la vocalité fut un des caractères de l'art hellénique ; mais la verbalité semble en avoir été le principe ou l'essence même. Alors toute la musique se rapportait, bien plus, se soumettait à la parole, et, sans la parole, c'est à peine s'il existait une musique. La voix même cessait-elle, en chantant, de parler, aussitôt elle perdait de sa dignité, de son influence, et sur elle une lyre, une flûte reprenait l'avantage.

Pourquoi, si la voix humaine possède un charme particulier, devient-elle moins agréable qu'un instrument à vent ou à cordes dès que le chant est dépourvu du texte (comme chez ceux qui fredonnent) ?

Serait-ce que, dès qu'elle cesse d'imiter à l'aide de la parole, la voix ne charme plus autant ?

C'est cela même, cela seul ; et plus d'un principe ou d'une loi se déduit de cette simple observation. Elle impose au musicien l'obligation de noter les paroles avec justesse, au chanteur le devoir de les prononcer avec netteté. par-là s'explique également telle ou telle vicissitude de l'histoire musicale : la disparition du style à « roulades » ou à « vocalises » et la caducité de certains opéras italiens, où les voix, — les plus belles pourtant qu'on ait, paraît-il, entendues, — chantaient sans cesse, pour ne jamais rien dire. Wagner alors parut. Subordonnant la musique au drame et les notes aux mots, il prétendit restituer au verbe son ancienne primauté. Mais la symphonie, par lui prodigieusement accrue à côté de la parole et soi-disant pour la servir, l'enveloppa jusqu'à l'étouffer. Un effet identique résulta de moyens contraires ; les choses, rétablies d'un côté, manquèrent de l'autre, et, pour des motifs opposés, la parole quelquefois ne fut pas mieux entendue.

L'orchestre, heureusement, sait désormais parler pour elle. Parole singulière que la sienne, étrange même, et, comme disait Carlyle, « inarticulée, insondable parole ! » Il parle cependant. Alexandre Dumas fils écrivait à Gounod : « Vous avez de la chance, vous autres musiciens ! Vous n'êtes pas forcés d'appeler les choses par leur nom ! » La musique, j'entends la musique pure, fait mieux que nommer les choses ; elle en exprime l'idée, l'essence, et ce mode d'expression, ou ce langage, s'il est moins précis que l'autre, est aussi plus étendu et plus profond.

Les Grecs le connurent à peine. Chez eux, la polyphonie instrumentale n'existait pour ainsi dire pas et l'accompagnement le plus simple leur paraissait le meilleur.

Un des « Problèmes » d'Aristote se termine par cette remarque :

> Le concours de plusieurs instrumens, à vent ou à cordes, ne procure pas d'agrément, car il éclipse la partie chantée.

Pour le coup « nous avons changé tout cela. » On pourrait assurer que l'évolution moderne de la musique vocale, — du celle-ci tout entière, — n'a guère consisté que dans ce changement. L'accompagnement d'orchestre, s'il s'agit d'opéras ou de drames lyriques ; s'il s'agit de mélodies » ou de *lieder*, l'accompagnement de piano, sont devenus l'un et l'autre un concours de plus en plus nombreux d'instrumens ou de « parties, » et l'éclipsé même de la partie chantée ne nous empêche plus d'y prendre le plus vif agrément.

Tel autre « problème, » au contraire, et non des moindres, formule une loi générale et qui nous gouverne encore aujourd'hui.

> Pourquoi est-il plus agréable d'entendre chanter un morceau que l'on connaît déjà qu'un chant totalement inconnu ?

Est-ce parce que l'exécutant, lorsque l'auditeur connaît d'avance la mélodie, peut être suivi plus facilement, comme quelqu'un qui marche vers un but déterminé ?

Ou bien est-ce parce qu'on aime mieux approfondir qu'apprendre ?

La raison, c'est que, au dernier cas, il s'agit d'acquérir des notions (entièrement) nouvelles, tandis qu'au premier cas, faire usage de ce qu'on sait équivaut à reconnaître.

Ajoutons de plus que l'habituel paraît préférable à l'insolite.

Rien de plus juste que le principe ici posé ; rien, hormis les raisons, les dernières surtout, sur lesquelles Aristote le fonde. Elles sont tirées à la fois de la nature de la musique et de l'humaine nature. « On aime mieux approfondir qu'apprendre. » Cette préférence explique et dans une certaine mesure excuse la résistance que rencontre d'ordinaire le talent, voire le génie inconnu. Plus forte en nous et sur nous que la curiosité même, l'habitude nous fait voir dans l'esprit ou dans l'idéal nouveau la contradiction plutôt que la continuation de l'ancien. Les différences nous frappent et nous déconcertent avant que les rapports, plus lents à paraître, nous rassurent. Fidèles autant que nous, sinon davantage, à la tradition, les Grecs n'ont pas ignoré les soupçons, la défiance que l'inédit, ou l'inouï, nous inspire. Si simple que fût leur musique, peut-être parce qu'elle était simple, elle ne s'imposait ni du premier coup, ni au premier venu. Ne disposant ni de moyens rapides, ni d'effets brusques, foudroyans, elle s'insinuait dans l'âme par degrés, au lieu de l'envahir subitement tout entière. M. Gevaert a très bien vu dans l'homophonie antique la principale raison de ce procédé ou de cette démarche lente. « Une succession de sons divers n'a de sens musical et expressif qu'autant que leur condition harmonique puisse être saisie, ou du moins sentie par l'auditeur. Dans notre musique polyphone, où chaque accent mélodique est élucidé par les accords dont il est accompagné, cette opération psychique se fait avec la rapidité de l'éclair. Mais, à l'exécution d'une mélodie homophone, les fonctions harmoniques ne se déterminent pour la perception auditive que peu à peu, l'une après l'autre, et l'harmonie totale ne se dévoile complètement au sens esthétique qu'avec la dernière note de la période musicale, en sorte que la compréhension est rétrospective pour ainsi dire. La première impression d'une œuvre musicale tout à fait nouvelle devait donc avoir pour la plus grande partie d'un public antique quelque chose d'indécis, partant de peu agréable. »

Quant à ceux dont l'office était d'avertir le public et de l'initier, il ne semble pas que leur tâche ait été plus facile. Plutarque énumère quelque part, d'après Aristoxène, les conditions nécessaires à la compétence et à l'autorité d'un bon juge en matière de musique : « Connaissance approfondie des trois parties de la théorie (harmonique, rythmique et métrique) ; exercice de la perception esthétique, acquisition de la faculté de saisir à la fois la succession des sons, la succession des durées, la succession des syllabes ; étude de la philosophie musicale dans ses applications pratiques ; doctrine de l'*éthos*, seule capable de fournir à l'œuvre d'art une règle de convenance, un principe d'utilité. »

Si nos anciens confrères savaient tant de choses, il est permis de croire que depuis les Grecs, la critique musicale, comme la musique elle-même, a changé.

Mais le problème qui nous occupe ici peut se poser et se résoudre encore autrement, dans un sens plus étroit et pour ainsi dire plus intérieur à la musique. Le goût de réentendre, le désir de retrouver, plus vif que celui de découvrir, est à la base même de notre art, et la musique, sous presque toutes ses formes, n'a pour objet que de l'exciter et de le satisfaire.

Hormis le chant grégorien et l'opéra d'Italie à certaines époques, on ne citerait peut-être pas un « genre » musical qui n'ait pour principe la répétition des formes sonores ou leur retour. La polyphonie vocale du xive siècle en fut une application, quelquefois rigoureuse jusqu'à la tyrannie. On sait que de chefs-d'œuvre *a capella* sont bâtis, — et à combien d'étages ! — sur un thème superposé à lui-même. Lorsque, dans un salon de Florence, au début du xviie siècle, parut ou reparut la mélodie, elle n'aspira d'abord, sous l'espèce primitive du récitatif, qu'à la liberté de la déclamation ou du discours. Mais elle ne tarda guère, — et ce fut le sens de son évolution, — à chercher la beauté dans le développement organique de son être, c'est-à-dire dans la génération de périodes similaires et formées par elle à son image. Cette imitation de soi-même constitue non pas le procédé, mais la nature de la musique et véritablement sa vie. On l'observe, on la suit à travers les genres les plus variés, depuis la romance à couplets jusqu'au *leitmotiv*, en passant par la fugue, la variation, la sonate et la symphonie. Il est même remarquable, à ce propos, que la fugue et la variation, — celle-ci portée au plus haut degré de puissance, — aient été les modes favoris de la pensée de Beethoven en ses dernières œuvres de piano (sonates op. 106, op. 109, op. 110, op. 111 ; variations sur un thème de Diabelli). La règle formulée par Aristote n'a jamais reçu plus glorieuse consécration. Nulle part l'esprit humain ne saurait goûter mieux qu'en ces chefs-d'œuvre suprêmes la douceur « d'approfondir les connaissances acquises » et le charme de l'habitude que la musique unit à l'agrément de la nouveauté. L'un et l'autre se combinent en de telles œuvres, où la constante identité de la pensée n'a d'égale que sa continuelle transformation. Mais, de ces deux principes, le premier est peut-être le plus efficace. Avec un héros du drame romantique, la musique a sans doute le droit de dire : « Je suis une force qui va. » Elle est pareillement, sinon davantage, « une force qui revient, » et, dans l'impression qu'elle nous cause, dans le plaisir qu'elle nous donne, il est permis de douter si la surprise a plus de part, ou si c'est le souvenir.

III

Cette impression et ce plaisir, Aristote estimait, et toute la Grèce, avec lui, que la qualité non seulement esthétique, mais-sentimentale, n'en saurait être indifférente. La nature et la valeur morale de la musique est assurément ce qui tient le plus au cœur du philosophe musicien.

Pourquoi les sensations auditives sont-elles les seules qui exercent une action morale ?

Car la mélodie, même sans paroles, agit sur le sentiment, tandis que les couleurs, les odeurs et les saveurs n'ont point d'action semblable.

Est-ce parce que les impressions de l'ouïe seules sont (en musique) accompagnées d'une commotion ?

Et il ne s'agit pas ici de la simple commotion (physiologique) produite par le bruit.

Car une pareille commotion se produit aussi dans les autres impressions sensorielles. Ainsi, par exemple, la couleur met en mouvement l'organe de la vue.

Mais (j'entends ici) la commotion particulière ressentie à la suite d'un bruit musical.

Les impressions des sens autres que l'ouïe ne présentent rien de pareil.

Il semble ici qu'Aristote se laisse entraîner trop loin et que l'amour de la musique le rende injuste envers les autres arts. Passe pour les odeurs et les saveurs, pour le goût et l'odorat, ces deux sens dont il n'y a point d'art. Mais la vue ! Notre œil n'est pas moins que notre oreille un témoin, un intermédiaire, un interprète de beauté. Le monde des formes et des couleurs est comme celui des sons une image, une projection au dehors du monde de l'âme. La peinture, la statuaire, l'architecture même portent en elles et manifestent par leurs chefs-d'œuvre un principe sentimental, un élément de moralité. Une toile, un marbre, un temple peut valoir à cet égard une symphonie, et l'*éthos* des Léonard, des Michel-Ange et des Raphaël ne le cède à celui des Bach, des Beethoven et des Mozart ni pour la noblesse ni pour la pureté.

Si, dans cet ordre supérieur, Aristote a fait trop de place à la musique en lui donnant toute la place ; si la musique ici ne règne pas sans partage, elle y est du moins la mieux partagée. En vertu de sa nature propre, elle y exerce non seulement des droits, mais des privilèges.

Tandis que la peinture et la sculpture, s'adressant à l'organe de la vue, imitent les *objets extérieurs* et les *personnes* à l'aide des *couleurs* et des *formes*, χρώμασι

και σχήμασι (choômasi kai schêmasi), les arts musiques, qui agissent par l'intermédiaire du
sens de l'ouïe, imitent les *états d'âme* ἤθη (êthê), les *affections* πάθη (pathê) et les *actions* πράξεις (praxeis) à l'aide du *rythme*, de la *parole* et de la succession mélodique[4].

Ce texte est tiré de la *Poétique*. Ailleurs encore, dans la *Politique*, — et la mention, l'étude même de la musique en un traité de ce genre est significative, — Aristote insiste sur l'influence morale qui fait le caractère et l'honneur particulier de la musique :

Rien de pareil, écrit-il, ne se constate dans les perceptions que les autres sens sont capables de recevoir. Le toucher et le goût ne reproduisent en rien les impressions morales. Le sens de la vue les rend dans une mesure très restreinte. Les images qui font l'objet de ce sens finissent peu à peu par agir sur ceux qui les contemplent ; mais ce n'est pas là précisément une imitation des affections morales. Ce n'est que le signe revêtu de la forme de la couleur et s'arrêtant aux modifications toutes corporelles qui décèlent la passion. *Dans les compositions musicales*, au contraire, *il y a reproduction des états d'âme*[5].

À travers les âges, la doctrine d'Aristote a passé jusqu'à nous. *In audibilibus manifeste inveniuntur similitudines morum*, a dit saint Thomas d'Aquin. Et sur la même base l'esthétique musicale moderne, en Allemagne surtout, s'est fondée. On sait que, pour Herder, « la musique exprimait des états intérieurs, c'est-à-dire des modifications provoquées dans l'individu par les émotions ; que ces symboles étaient tout autre chose que les symboles, de la poésie et des autres arts ; qu'ils étaient pour l'oreille la chose même qu'ils représentaient[6]. » Enfin, selon Schopenhauer, disciple sur ce point d'Aristote, « la musique exprime l'essence intime des choses, *das Ding in sich*, le contenu réel des phénomènes, inaccessible à l'intellect. Les autres arts doivent se borner à traduire l'apparence des choses, le contour, la couleur, le geste[7]. » Si donc, exprimant sous une autre forme le fond permanent de ces doctrines successives, on peut assurer que la musique, art d'imitation comme tous les autres, est l'art d'une imitation à la fois plus directe, immédiate même, et plus intérieure ; si la métaphysique musicale se réduit ou du moins se rattache ainsi à un principe premier, c'est à celui que le philosophe antique a discerné et défini pour toujours.

Nous nous étonnions tout à l'heure qu'Aristote eût trop accordé à la musique ; on pourrait se plaindre parfois qu'il lui refuse trop aussi. Il ne reconnaît d'influence et de beauté morale que dans les rythmes et les mélodies :

Dans l'ordre successif des sons aigus et graves, non dans leur production simultanée ; la consonance n'a pas de caractère moral (οὐκ ἔν τῇ μίξει : ἀλλ' ἡ συμφωνία οὐκ ἔχει ἦθος).

Une telle restriction, — qui surprend le musicien moderne, — n'avait rien que de naturel, étant données les bornes de la musique antique. Deux élémens, le rythme et la mélodie, la constituaient presque tout entière. Elle ignorait, ou ne faisait que soupçonner l'harmonie et l'instrumentation, ces deux autres élémens dont l'apparition et le développement ont renouvelé, sinon renversé les conditions de notre art. Au point de vue de l'*éthos* instrumental, c'était peu de chose que des flûtes et des lyres. Il a fallu que l'orchestre moderne se formât, que la nature lui donnât, en quelque sorte, pour la mêler à notre âme, son âme tout entière, celle de ses métaux et de ses bois. Alors naquit la psychologie des timbres, dont l'étude aujourd'hui serait aussi vaste, aussi féconde que celle des rythmes ou des mélodies.

Quant à l'harmonie, si pauvre qu'elle fût alors (ne comportant jamais plus de deux sons), elle n'était peut-être pas dépourvue de tout pouvoir expressif ou sentimental. Aristote a beau dire que « la consonance n'a pas de caractère moral, » à peine l'a-t-il dit qu'il semble sinon se contredire, au moins se reprendre, et qu'il ajoute :

Nous prenons plaisir aux accords consonans, parce que la consonance est une fusion d'élémens opposés, ayant entre eux un certain rapport. Or, un rapport proportionnel, c'est l'ordre, que nous avons déjà dit être conforme à notre nature. Au reste, une substance mélangée est plus agréable qu'une substance pure ; surtout lorsqu'il y a pour la perception sensorielle une juste proportion entre les deux élémens opposés.

N'est-ce pas là consacrer, dans une certaine mesure, le caractère moral des consonances ? Que dis-je ! c'est en quelque sorte prévoir celui des dissonances elles-mêmes ; c'est deviner l'*éthos* futur de l'harmonie tout entière. On sait quelles en sont aujourd'hui l'étendue et là puissance, et qu'après le domaine ou l'ordre des notes successives, la musique a conquis et prodigieusement accru celui des notes simultanées. Qu'il soit de Palestrina, de Bach ou de Mozart, de Beethoven ou de Wagner, un accord, une série d'accords peut être, autant qu'un chant, une source de vie et de beauté. Deux accords, à la fin du *Voi che sapete* de Chérubin, achèvent en quelque sorte le sens de la mélodie et répandent sur le front du petit page une dernière ombre d'amoureuse mélancolie. Deux accords également donnent aux premières paroles de Lohengrin. « Adieu, mon cygne ! » une tendresse, une tristesse aussi, qu'une note changée, une seule, suffirait à dissiper. Enfin, dans l'admirable scène, qui nous a déjà servi d'exemple, des

« Adieux de Wotan, » rappelez-vous certaine descente d'accords, et comme la dégradation des harmonies exprime bien la dégradation de la déesse elle-même, l'effacement ou la retraite lente de sa divinité.

L'antiquité, cela va sans dire, ne pouvait réaliser ou seulement concevoir des effets de cet ordre. Mais le passage d'Aristote sur la fusion des élémens contraires et sur les substances mélangées, plus agréables quelquefois que les substances pures, ce passage n'en garde pas moins une valeur significative et même prophétique. Il est de ceux où dans un éclair on croit voir tout l'avenir de la musique se découvrir et s'illuminer.

Qu'Aristote ait quelquefois trop restreint, que, d'autres fois, au contraire, il ait trop étendu, l'accordant à la musique seule, le pouvoir expressif et moral de la musique, il l'a toujours reconnu. Et le fond ou l'essence de sa doctrine consiste en cette reconnaissance. Commune à tous les philosophes de la Grèce, on sait quelle influence eut cette pensée maîtresse, et jusqu'à quel point, dans la vie privée et dans la vie publique des Hellènes, la place et la fonction de la musique s'en trouvèrent non seulement accrues, mais élevées.

Institutrice de la jeunesse, la musique l'était du peuple également. Elle formait et régissait par une véritable discipline l'âme des individus et celle de la foule. Cette discipline, un Platon la concevait avec rigueur ; un Aristote, au contraire, y apportait quelques tempéramens. On lit dans la *Politique* :

De même qu'il existe deux classes d'auditeurs, l'une composée d'hommes libres et bien éduqués, l'autre formée de grossiers artisans et de gens de même espèce, on doit également organiser pour ceux-ci des concours et des spectacles. Or, de même que les âmes de ces personnes sont détournées de leurs tendances natives, de même il existe dans certaines harmonies des formes dévoyées παρεκβάσεις (parekbaseis), et des mélodies surtendues ou intenses σύντονα (suntona), d'un pathétique outré. Or, chacun prenant plaisir à ce qui est adéquat à sa
propre nature, on doit permettre aux virtuoses chanteurs qui se présentent devant un tel auditoire de produire des chants de cette dernière espèce[8].

Il est permis de s'étonner qu'Aristote ait fait une pareille concession. Elle implique du moins et nous rappelle une fois de plus la croyance à ce pouvoir moral de la musique, à cette correspondance entre les sons et les âmes, sur laquelle toute l'esthétique de la Grèce était fondée. Action psychologique, effets moraux, états d'âme, tels sont les sujets dont la connaissance était alors étroitement unie à l'étude technique de l'art. Le souverain bien que la musique devait procurer, suivant Aristote, aux auditeurs capables de la ressentir, la κάθαρσις (katharsis), était un bien moral, consistant dans une espèce de soulagement ou de délivrance de l'esprit. Enfin si l'on appela νομοι (nomoi) d'un mot qui signifie règles ou lois, certains morceaux de chant, et si ce fut parce qu'avant la diffusion des signes de l'écriture, les peuples primitifs avaient coutume de chanter les lois[9] ce fut peut-être aussi pour signifier et rappeler toujours que la musique possède une puissance expressive, une action morale, et qu'il peut, qu'il doit y avoir quelque chose de commun entre l'idéal de justice et l'idéal de beauté.

Les rapports de cette nature ont été trop souvent négligés ou méconnus par l'esthétique moderne. Une doctrine s'est formée naguère, qui ne tend à rien moins, soi-disant pour mieux honorer la musique, qu'à l'enfermer en elle-même et en elle seule. Sous prétexte de la purifier et de l'affranchir, il arrive alors qu'on la réduit, qu'on l'isole et qu'on la dégrade. En vertu de je ne sais quel idéal, qu'on nomme spécifique, d'un nom qui signifie personnel, égoïste et stérile, on défend à l'interprète, à la servante, à l'amie éternelle de l'esprit et de l'âme, de rien exprimer, servir, aimer d'autre qu'elle-même. On coupe en un mot la musique de toutes ses attaches non seulement avec la morale, mais avec la sensibilité, de toutes les racines que depuis tant de siècles elle a poussées au plus profond de notre cœur. C'est la théorie, funeste entre toutes, de l'art pour l'art. Elle a pu régner un temps, soutenue par de robustes et même par de glorieuses mains. Mais voici que d'autres mains se lèvent, qui la menacent et lui portent de rudes coups. De jeunes esprits s'ouvrent, ou se rouvrent, aux vérités antiques ; ils les recueillent, ils les rétablissent, et, contre ceux que le regretté Lévêque appelait un jour « les athées de l'expression, » la plus récente critique semble rallumer une guerre que nous croyons sainte. En un récit original où la musique se mêle et se fond avec la vie, un de nos jeunes confrères écrivait récemment : « Depuis quelques années, n'a-t-on pas contracté l'habitude singulière de vanter la *musicalité* de certaines œuvres ? Cela veut dire, neuf fois sur dix, que la composition dont on parle ne possède ni inspiration, ni charme, ni puissance, mais qu'elle tend avec succès vers un certain postulat de beauté conventionnelle où rien de ce qui fait la véritable beauté, ni la profondeur des vues, ni la spontanéité de l'émotion, n'entrent en ligne de compte. Certes le souci de la forme est légitime, et sans l'éloquence de l'expression la pensée ne se fixe jamais tout entière ; mais la perfection drapée sur le vide constitue le plus monstrueux-des mensonges. On arrive à cette hypocrisie ridicule avec la théorie de l'art pour l'art. On prétend que les joies esthétiques diffèrent essentiellement de nos autres modalités affectives et le nom même de musicalité désigne une qualité substantifiée, pour faire croire à l'existence de quelque substratum là où il n'y a que l'ombre d'un contour, le spectre d'un vêtement, la manière d'être d'un rien. Qu'il existe certaines expressions picturales, littéraires ou musicales de nos idées ou de nos sentimens, c'est la raison d'être de la musique, des lettres et de la peinture. Mais qu'il y ait une picturalité, une littéralité, une musicalité en soi, voilà bien la plus forte mystification que jamais esprits nuls et infatués de leur néant aient prétendu nous imposer[10]. »

Ailleurs et plus récemment[11] le même écrivain rappelait et resserrait en quelques lignes, moins abstraites, la même pensée : « Tu as peut-être entendu parler de *l'art pour l'art*. Cette formule est absurde et sacrilège : *l'art pour l'art*, illusion, mensonge et vanité. L'art est de même essence que la vie ; il en doit être une émanation directe… les formes musicales ne sont que des signes et ceux-ci demeurent lettre morte s'ils n'expriment, par certains côtés, la vie universelle. »

Que la beauté musicale ne soit pas seulement spécifique, mais que, résidant sans doute en la forme, elle la dépasse et pour ainsi dire la déborde ; qu'elle consiste essentiellement dans le rapport que la musique soutient avec la pensée, avec la passion, avec l'âme, avec la vie, voilà la fondamentale et la suprême vérité. Notre jeune confrère l'a prise ou reprise chez l'un des plus grands de nos devanciers et de nos maîtres. Elle domine et je dirais volontiers qu'elle absorbe toutes les autres. Et si toutes les autres devaient s'oublier un jour, il suffirait peut-être de défendre et de sauver celle-là pour empêcher l'esthétique musicale de périr.

IV

Mais « la cause ! la cause ! » Voilà le mot que, dans les crises de sa pensée comme de sa passion, l'homme redira toujours, en vain. Quand Aristote s'est demandé :

« Pourquoi les sensations auditives exercent-elles une action morale ? » nous l'avons entendu répondre :

Parce que les commotions produites par l'audition musicale conduisent à l'action ; or, les actes sont une manifestation de l'état moral... Parce que les rythmes et les successions mélodiques sont des mouvemens tout comme les actions.

Au fond, qu'était-ce autre chose que répondre de biais, ou plutôt à demi ? Le lien entre la matière et l'esprit ou le passage de l'une à l'autre, le pouvoir mystérieux de la musique, l'effet des vibrations de l'air sur notre sensibilité, voilà le fait qu'un Aristote même a reconnu, proclamé, sans le comprendre. Ainsi, derrière tant de problèmes qu'il a résolus, il en a rencontré un, le plus grave, le plus obscur, qu'il n'a pu que poser. Ce dernier secret, depuis des siècles, et pour tous les siècles sans doute, demeure impénétrable. Artistes ou philosophes, souvent l'un et l'autre à la fois, de grands penseurs ont pensé beaucoup à la musique, ou beaucoup pensé d'elle ; ce qu'elle est échappera toujours à la pensée. Pour les plus croyans, pour les plus fidèles, le dieu qu'ils servent et qu'ils aiment restera le dieu inconnu.

CAMILLE BELLAIGUE.

1. ↥ Cité par M. Gevaert.
2. ↥ « C'est le propre de la douleur de s'interrompre elle-même. » (Bossuet.)
3. ↥ M. Gevaert.

4. ↑ Cité par M. Gevaert.

5. ↑ *Ibid.*

6. ↑ *Ibid.*

7. ↑ M. Kufferath (*Musiciens et philosophes*) cité par M. Gevaert.

8. ↑ *Politique*, liv. VIII, ch. 7, cité par M. Gevaert.

9. ↑ *Problèmes musicaux*, section G, probl. 28.

10. ↑ *Dissonance*, roman musical par M. Jean d'Udine. — Éditions du *Courrier musical*, 2, rue de Louvois, Paris, 1903.

11. ↑ *Courrier musical*, juillet 1903.